Herderbücherei
»Texte zum Nachdenken«

Herausgegeben von
Gertrude und Thomas Sartory

Band 679

»Texte zum Nachdenken«
In den Büchern der Menschheit ist eine Fülle von Texten zu finden, die das Bewußtsein weiten und verändern, die Seele wandeln. Vorausgesetzt, man liest diese Texte wieder und wieder, läßt sie immer tiefer eindringen in Geist und Herz. Hier trennt nicht die Fremde der Zeit oder die Ferne der Kontinente, denn in tieferen Schichten der Seele sind alle Menschen einander verwandt.

Gertrude und Thomas Sartory geben in einer neuen Reihe der Herderbücherei solche »Texte zum Nachdenken« heraus: Worte von Dichtern und Denkern, Heiligen und Weisen. In jedem Band (sechs pro Jahr sind geplant) kommt eine andere Gestalt oder Tradition zu Wort, jeweils unter einer Fragestellung, die uns heute bewegt.

Schon die schöne Gestaltung jedes Bandes lädt zum verweilenden Lesen ein. Dennoch sind diese kleinen Kostbarkeiten zum Bedenken und Verschenken zum Normalpreis eines Taschenbuches zu haben.

Die Herausgeber
Gertrude Sartory, 1923 in Hamm geboren. Germanistische. theologische und juristische Studien. Promotion in kanonischem Recht. Sozialarbeit und Lehrtätigkeit. Seit 1958 freiberuflich tätig als Schriftstellerin und Publizistin.

Thomas Sartory, 1925 in Aachen geboren, Studium der Philosophie, katholischen und evangelischen Theologie. 1947–1963 Benediktiner in Niederaltaich. 1962 Habilitation in Salzburg. 1960–1963 theologische Lehrtätigkeit in Rom. 1963–1967 Seelsorger in München. Seit 1967 freiberuflich tätig als Schriftsteller und Publizist.

Gesänge des tanzenden Gottesfreundes

Aus der Dichtung des persischen Mystikers Rumi

Mit Ornamenten von Karl Thylmann
Übertragen und geschrieben von
Linde Thylmann

Herderbücherei

Originalausgabe
erstmals veröffentlicht als Herder-Taschenbuch

Herder Freiburg · Basel · Wien
Gesamtherstellung:
Offizin Herder in Freiburg im Breisgau 1978
ISBN 3-451-07679-9

Inhalt

Statt einer Einleitung:
Ein Brief an die Herausgeber
(und Leser dieses Buches)

Euch zu erklären was für eine Welt das ist, die ich
mit der Übersetzung des »Divani Schems Din Tebris«
zu öffnen versuchte, fällt mir schwer. Lieber würde
ich die Gesänge für sich selbst reden lassen, denn
»sie sind vom gleichen Stoff aus dem die Träume
sind«. Rumi hat die Ghaselen nicht erarbeitet, nicht
konstruiert. Während er in Ekstase tanzte, sind sie
als Zeugnis seiner Gottesliebe von seinen Lippen
geflossen. Welch reiche, gotterfüllte Innenwelt
präsentiert sich uns hier!

   Man kann Träume zu erklären versuchen. Man
kann Träume mit Freud als Symbole für Ereignisse
in der Wirklichkeit deuten, oder mit Jung als Arche-
typen des persönlichen oder kollektiven Unbewußten.
Man kann sie aber auch als Bilder stehen lassen
und, wie James Hillman, die Traumarbeit »in der
Sprache des Traumes« noch einmal imaginieren.
Wie die Träume sind auch die Ghaselen eher Bilder
als fortlaufende Geschichten. Man kann sie betrachten und bewahren und behüten wie Samen in der
Erde, wie Wein in einem Gefäß, wie ein Baby. Dann
erkennt man ihre geheime Eigendynamik.

> »Die irdische Welt gibt tausend Bildern
> Form, welches davon ist das unsere? —
> Vielleicht . . . wenn ein Vogel geflogen
> käme und trüge als Halsband die Ge-
> heimnisse Salomos . . .«

Ein Traum oder ein Gedicht kann auf viele Arten
gedeutet werden. Welche davon ist die richtige?
Bestimmt nicht die, sagt James Hillman, die uns
gleichsam mit einem »Klick«, mit einem »Aha« zu
passen scheint. Das Bedeutungsvolle ist, daß es
viele Bedeutungen gibt: »ein Traum wird wahr in
der Weise, wie er gedeutet wird«, sagt ein altes
isländisches Sprichwort. Wir träumen den Traum,
wir betrachten den Traum, wir sind der Traum.

> »Vielleicht . . . wenn ein Vogel geflogen
> käme und trüge als Halsband die Geheim-
> nisse Salomos . . .«

Wenn Ihr Verse wie diesen lest, fällt Euch bestimmt
assoziativ sehr viel dazu ein. Ihr wißt, wer der weise
König Salomo war und daß er die Vogelsprache
verstand. Ihr wißt viel über Vögel und ihre Symbolik,
zum Beispiel: Die Taube des heiligen Geistes, der
aus der Asche steigende Phönix, oder der Pfau als
altes christliches Symbol der Seele. Wissen wir nicht
zu viel? Diese Frage werdet Ihr wahrscheinlich mit
nein beantworten, denn unser Wissen ist uns kostbar,
ist ein wichtiger Bestandteil des abendländischen
Menschen. (Auch Rumi besaß ja überragendes Wissen.) Aber hier, bei den traumhaften Ghaselen,
können wir es vielleicht einmal nicht zur Analyse,

sondern wie bunte Glasperlen benutzen, mit denen
wir spielen. Laßt uns einmal mit Kontrasten phanta-
sieren:
— Warum kommt ein Vogel und nicht ein Reh oder
   ein Fisch? (Dann wird klar, welche Eigenschaften
   mit »Vogel« bezeichnet wurden.)
— Warum Halsband und nicht ein Zettel im Schnabel,
   auf dem das Geheimnis steht?
   (Halsband ist Schmuck. Schmuck ist Schönheit.
   Schönheit ist Vollkommenheit. Vollkommen
   ist Gott.)

>   Vielleicht . . . wenn ein Vogel geflogen
>   käme und trüge als Halsband die Geheim-
>   nisse Salomos . . .«

Es heißt nicht: »Er kommt«, sondern es ist eine
Möglichkeit, vielleicht eine Aufforderung zum Nachdenken: Was würdet Ihr tun, wenn sich Euch plötzlich
(unerwartet, aus der Luft, wie ein Vogel) die Schönheit und Weisheit Gottes offenbaren würde? Wie
würdet Ihr sie »wahr-nehmen«?

>   Die irdische Welt gibt tausend Bildern
>   (Religionen, Wertsystemen, Lebensbe-
>   reichen) Form, welches davon ist das
>   unsere?

Mit all diesem möchte ich Euch vermitteln, daß der
Wert von Rumis Ghaselen nicht, oder nicht nur im
Literarischen liegt. Sie wollen betrachtet, behütet und
bewegt werden. Die Ornamente von Karl Thylmann
sind ein Teil dieses imaginativen Raumes, in dem

sich Seelentätigkeit ereignet. Daß wir uns heute in gleicher Weise mit Rumis Gesängen beschäftigen, wie Thylmann es 1911 begonnen hat, ist für mich ein Symbol der Eternisierung, der Zeitlosigkeit von Kunst, Traum und Religion.

Jetzt sehe ich das noch ungedruckte Buch vor mir, wie eine Mutter ihr noch ungeborenes Kind. Ich möchte nur noch in der blühenden, freifließenden Bilderwelt der Verse sein. Aber ich sehe auch Euren fragenden Blick auf mich gerichtet, höre Eure Bitte, nun doch zu erklären, wes Geistes Kind dieser mittel-alterliche, persische Gelehrte, dieser begnadete Poet und tanzende Mystiker gewesen ist und wie seine Ghaselen entstanden. Ist das überhaupt möglich?

»Was gelten mir Worte?« läßt Rumi Gott zu Moses sagen. »Ich brauche ein glühendes Herz! Laß die Herzen in Liebe entflammen und kümmere dich weder um Gedanken noch Rede.« — Ohne dieses »Glühen des Herzens« sind Rumis Gesänge über-haupt nicht zu verstehen. Was Herzen zum Glühen bringt, ist — darin besteht wohl Übereinstimmung — die Liebe, und für den Sufimystiker gibt es überhaupt nur eine einzige Art von Liebe, deren Ursprung sowie Ziel Gott ist. Die Frage, ob denn Rumis Gedichte nur Liebeslyrik seien, ist also müßig. Die Frage heißt für Rumi: Ist ein Mensch fähig zu lieben, und wie stark, ja ekstatisch kann seine Liebe werden? Dann nämlich ist er »in Gott und Gott in ihm«. (Allerdings würde Rumi das meiste, was wir alltäglich mit Liebe bezeichnen, nicht so nennen.) Gott ist unsichtbar, aber im Schönen, im Vollkommenen seiner Schöp--fung wird er sichtbar. Dieses Schöne zu lieben und zu preisen, heißt für Rumi Gott lieben und preisen.

»Sollte ich je den Duft einer Rose atmen,
ohne deiner Liebe zu gedenken, so verbrenne mich wie einen Dorn.«

In seiner reichen Bilderwelt von Sonne Mond und
Gestirnen, von Gärten, Blumen, Vögeln und Gewäs-
sern, und im Geliebten (männlich oder weiblich), im
Weinschenk und Lautenspieler verherrlicht Rumi die
immer gegenwärtige göttliche Wirklichkeit. Er will
Geschöpfe und Schöpfer in eins sehen und eine
Brücke schlagen, zwischen dem Endlichen und dem
Unendlichen. Oft wählt er für Gott Metaphern von
Licht und Klang. Gott ist die strahlende Sonne, die
Kerzenflamme der Liebe, der vollkommene Mond.
»Horch mit dem Ohr der Seele . . .«. Bald ist es ein
Falke, der dem Trommelton seines Herrn folgt, bald
eine Liebende, die dem Klang des Lautenspielers
lauscht, bald die Laute selbst, die gespielt werden
will. »Oft legte ich meiner Seele Ohr ans Fenster des
Herzens . . .«
Und schon sind wir wieder in freifließende Imagination eingetaucht. Aber »den Wert des Goldes
erkennen die Menschen erst dann, wenn es in
bekannte Münzen geprägt ist«, soll Schems Din
Tebris, Rumis Meister, mit scharfer Zunge gesagt
haben. So laßt uns noch ein wenig mit dem »Münzen«
fortfahren, denn da sind noch viele Fragen offen, zum
Beispiel nach dem Sinn des Motivs der Sehnsucht,
des Weinrausches, des Spiraltanzes und nach der
Gestalt des geheimnisumwitterten Meisters Schems
von Tebris.
Ihr habt einmal in einer Rundfunksendung über
den Pir, den islamischen »Meister« des geist-

lichen Lebens, gesagt, daß die Sufimystiker, von denen Rumi einer war, seit dem 9. Jahrhundert »die geistliche Innenseite des Islam darstellten, seine spirituelle Dimension«, und daß sie den Koran nicht dogmatisch oder juristisch interpretierten, wie das sonst im Islam üblich ist. Sie lasen den Koran »mit dem Herzen« und entdeckten dabei immer tiefere Dimensionen der Gotteserfahrung, die ihre Sehnsucht nach der endlichen Vereinigung mit Gott hervorbrachte. Wie bei den Neuplatonikern war das Ziel ihrer Religion die vollkommene Vereinigung mit Gott, das Einswerden von Geist und Materie. Darum ist der Zustand des Geliebten, der sich nach der fernen Geliebten sehnt, in Rumis mystischen Gesängen das Symbol für unseren Zustand hier auf Erden, fern von Gott.

Der vielfache Einfluß anderer Religionen und Philosophien auf das Sufitum (Christentum, Judentum, Neuplatoniker, Hinduismus) wird oft zitiert, um die Ähnlichkeit von Rumis Mystik mit der westlicher oder fernöstlicher Mystiker zu erklären. Nicholson meint, daß alle Manifestationen mystischer Erfahrung in ihrer Urform gleich sind und nur durch die Besonderheiten der Umgebung und jeweiligen Religion, in der sie sich ereignen, modifiziert werden. Es sei darum nicht verwunderlich, daß in den entferntesten Ländern und Zeiten »die eine Wahrheit« in verschiedener Einkleidungsform zu finden ist. Ich weiß, daß Ihr ähnlich denkt.

»Ich bin der Weinstock, ihr seid die Reben«, lesen wir im Neuen Testament. »Der Prinz mit dem Weinglas in der Hand« ist ein altes Symbol auf persischen Miniaturen. Es gilt als Bild des Menschen im Zustand göttlicher Trunkenheit, in Ekstase. Auch die Heilige Teresa von Ávila redet, von einer »Stufe der Trunkenheit« ihrer Seele beim Aufstieg zu Gott. Juan de la Cruz hat Lyrik geschrieben, die man für Texte aus Rumis Divan halten könnte. Rumi schreibt: »In einer Hand das Weinglas, in der anderen eine Locke der Geliebten, so zu tanzen in der Mitte des Marktplatzes ist mein Begehr. Ach, mein Herz ist dieser Spießbürger müde . . . mich verlangt nach jenen, die in trunkenem Wirbeltanze Gotteslieder singen.«

In trunkenem Wirbeltanze erschuf Rumi seine mystischen Gesänge. Es wird erzählt, daß in der Mitte seines Hauses eine Säule stand, um die er in Ekstase singend tanzte, während seine Schüler die Lieder niederschrieben.

Wie eine Spirale windet sich die Weinrebe um den Stamm. (Rankendarstellungen sind häufig in arabischer Kunst.) Wie in großen und kleinen Spiralen tanzten die Derwische im Orden der Mewlewi, den Rumi begründete. Sie tanzten ein uraltes Symbol, das »in schraubenförmiger Bewegung« den Abstieg des Göttlichen zur Menschenseele und den Aufstieg der Menschenseele zu Gott darstellt.

Jetzt müßtet Ihr eigentlich aufstehen und Euch im Wirbeltanze bewegen, denn das geschriebene Wort vermittelt Euch ja nicht »das ekstatische Erlebnis mystischer Trunkenheit«, von dem bei den Sufischülern und -meistern die Rede ist und das den westlichen Menschen oft mit tiefem Mißtrauen erfüllt. Trunkenheit und Ekstase — ist das nicht das blinde Chaos? Für den Gottesmenschen nicht, denn er kann ja nicht herausfallen, aus dem Kreis. Wie eine Kompaßnadel bewegt er sich um den einen Punkt, von dem seine Gedanken und Taten und sein ganzes Sein bestimmt werden. Er kann ebenso wenig vom Kurs abkommen wie ein Stern von seiner Bahn. Das verborgene Ordnungsprinzip der Spirale hält seine Innenwelt ebenso im Gleichgewicht wie den Makrokosmos der Sternenwelt.

C. G. Jung, deutete den Kreis, dessen Sanskritübersetzung «Mandala» ist, als Symbol der menschlichen Ganzheit oder als Selbstdarstellung eines psychischen Zentrierungsprozesses (Individuation). Das viergeteilte Mandala tritt spontan in Träumen und Phantasien auf, meist als ein unbewußter Selbstheilungsversuch im Zustand psychischer Desorientierung. Es stellt ein Ordnungsschema dar, welches sich gewissermaßen über das psychische Chaos legt, so daß das auseinanderfließende Ganze durch den hegenden und schützenden Kreis zusammengehalten und zugleich der Mensch in einen überpersönlichen Zusammenhang gestellt wird. Dies alles kann auch auf den kreisenden Wirbeltanz der Derwische zutreffen.

»Dinge, die so weit in die Menschheitsgeschichte zurückreichen, rühren natürlich an tiefste Schichten des Unbewußten und vermögen diese zu ergreifen, wo bewußte Sprache sich als gänzlich impotent erweist«, sagt Jung. »Solche Dinge sind nicht zu erdenken, sondern müssen wiederum aus der dunklen Tiefe der Vergessenheit heraufwachsen, um äußerste Ahnung des Bewußtseins und höchste Intuition des Geistes auszudrücken und so die Einmaligkeit des Gegenwartsbewußtseins mit der Urvergangenheit des Lebens zu verschmelzen.« (Aniela Jaffé: C. G. Jung)

So wie wir den Nordstern als den Mittelpunkt des Sternenhimmels bezeichnen, so war für Rumi Schems Din Tebris der Name, in dem sich auf mystische Weise alle Namen göttlicher Verehrung vereinigten. »O Schems Din Tebris, Schönheit und Glanz von allen Horizonten. Jeder König ist ein Bettler vor dir, mit Herz und Seele.«

Wer war dieser wandernde Derwisch, den man nur kennt, weil sein Name auf dem Titelblatt und am Ende vieler Ghaselen von Rumis »Divan« erscheint? Warum hat einer der berühmtesten Dichter, den man mit Ferdusi und Hafis gleichsetzt, sein Werk diesem Mann zu Füßen gelegt? Um das zu verstehen — oder uns wenigstens dem Verständnis zu nähern — müssen wir uns der Lebensgeschichte Rumis zuwenden und dem Zeitgeschehen, in dem sie sich zutrug.

Wenn wir den Geschichten glauben wollen, die von ihm erzählt werden, so muß der Dichter in der Tat ein »wunderbarer Knabe« gewesen sein. Im Alter von sechs Jahren hatte er Visionen, beeindruckte seine Spielkameraden mit philosophischen Reden und konnte erstaunlich lange fasten. Mit 12 Jahren begegnete dem Knaben auf der Flucht vor den Hunnen der berühmte Dichter Farid-al-Din Attar. In jener Zeit waren Bücher etwas ungeheuer Kostbares. Aber Attar schenkte sein Buch der Geheimnisse »Asrárnâma« diesem Knaben, dem er weissagte, daß er den höchsten Gipfel spiritueller Einweihung erreichen werde.

Klingt das nicht wie ein Märchen? So und ähnlich wird die Lebensgeschichte des Mewlana Dschelâleddin Rumi erzählt, den man für den größten mystischen Dichter Persiens hält. Er wurde 1207 in Balkh geboren, das im heutigen Afghanistan liegt und starb 1273 in Konya, im asiatischen Teil der Türkei. Sein Vater Bahá al-Din Valad, ein Mystiker im Sufiorden und Schriftgelehrter von hohem Rang, unterrichtete seinen Sohn von früher Kindheit an selbst. Es war eine Zeit extremer Kriegswirren. 1219 stürmten die Mongolenhorden unter Tschingis Khan Balkh, und Dschelâl-eddin (andere Schreibweisen: Jajál al-Din oder Galál-al-Din) floh mit seinem Vater nach Nisha-pur, wo sie dem großen Mystiker und Dichter Farid-al-Din Attar begegneten. — Die Flüchtlinge unternah-men dann eine Pilgerfahrt über Baghdad nach Mekka, reisten nach Syrien, blieben einige Jahre in Arzanjan und schließlich, in Laranda, vermählte Bahá al-Din seinen nun 18jährigen Sohn mit Ganhar Khatun. 1226 wurde dem jungen Paar ein Sohn geboren, Sultan Valad, der später die poetische Biographie seines Vaters schrieb und auch dessen Schriften herausgab.

Von Larande wurde Bahá al-Din mit seiner Familie vom Herrscher der Seldschucken nach Konya im Lande Rum gebeten, wo er als hochgeehrter Lehrer und Prediger 1230 starb. Zu dieser Zeit hatte Dschelâl-eddin also schon eine lange innere und äußere Pilger-schaft hinter sich. (Ein Sufi empfindet sein ganzes Leben als Pilgerfahrt.) An Stelle seines Vaters fand er nun einen Lehrer, Burhan al-Din, der ihn weiter in die Mysterien der Sufilehre einweihte. Mit ihm reiste er nach Aleppo und Damaskus, wo er studierte. In die-sen Jahren mag er auch dem bekannten Mystiker und Theosophen Ibn Arabi begegnet sein.

Heimgekehrt, lehrte Dschelâl-eddin von 1240 bis 1244 in Konya, wie sein Vater gelehrt und gepredigt hatte. Er wurde die anerkannte Größe im geistigen und religiösen Leben der Stadt und hatte 400 Schüler. Sein, trotz jahrelanger Flucht und Kriegswirren, in den geordneten Bahnen alter Tradition dahinfließendes Leben wurde erst in seinem 37. Lebensjahr (andere Quellen sagen 62. Lebensjahr) jäh erschüttert durch eine andere Sufitradition: Die absolute Hingabe an die Führerschaft eines von Gott gesandten Meisters. Allerdings erscheint es nicht nur uns, sondern erschien es auch seinen Mitmenschen als geradezu grotesk, daß einer der gelehrtesten Männer des Islam (außerordentlich bewandert im Koran und seiner Exegese, sowie in der Bibel, der Geschichte der Heiligen und der griechischen Philosophie) seinen Lehrstuhl und seine angesehene Stellung in der Gesellschaft aufgab, um der Schüler eines unbekannten, armen, jungen Wanderderwischs zu werden.

Schems ud-Din kam 1244 zum ersten Mal nach Konya. Zwar war man damals an wandernde Heilige gewöhnt, aber Schems ud-Din, gewickelt in rauhe schwarze Felle, fiel auf »durch die Wildheit seines Betragens und die Harschheit seiner Rede«. In Tebris sollte er geboren sein, aber seine Herkunft war ungewiß. Er schien vergleichsweise ungebildet zu sein. Aber durch seine unerhörte geistige Kraft, die auf der Überzeugung beruhte, daß Gott durch ihn spreche, schlug er alle in seinen Bann, die sich ihm näherten. Dschelâl-eddin erkannte in ihm seinen Meister, den er sogleich mit aller Hingabe zu verehren begann.

Nicholson vergleicht das Verhältnis von Dschelâl-eddin und Schems Din Tebris mit dem von Plato und Sokrates. In seinem leidenschaftlichen Sendungsbewußtsein, seiner Armut, seinem (wahrscheinlich) gewaltsamen Tod und vielem anderen gleiche Schems Sokrates. Beide fanden einen genialen Schüler, der ihren »rauhen« Ideen die künstlerische Form gab. Beide verkündeten die Nichtigkeit äußerer Gelehrsamkeit, die Notwendigkeit innerer Erleuchtung, den allüberragenden Wert der Liebe.

Die Schüler Rumis, zu Gunsten des Meisters von ihm vernachlässigt, wurden eifersüchtig und drohten Schems ud-Din mit Gewalttaten. Zweimal mußte er aus der Stadt fliehen, kam aber auf Bitten Rumis wieder zurück. 1247 verschwand er ebenso geheimnisvoll wie er gekommen war, für immer. (Wahrscheinlich wurde er getötet.)

Aus der Leiderfahrung des Verlassenseins erwuchs Rumi die Kraft zur Schöpfung seiner unvergänglichen Gesänge und des Derwischtanzes. Er gründete den Orden der Mewlewi, der tanzenden Derwische, die seine Tradition durch die Jahrhunderte führten. Umgeben von einer immer größer werdenden Schülerschar, besucht von allen Großen des Landes, die seinen Weisheitsspruch erbaten, lebte Dschelâl-eddin Rumi im aufblühenden Königreich der Seldschucken bis zum Jahr 1273.

Es ist viel über die Deutung seiner Liebe zum Meister und seine Gottesliebe gerätselt worden. Ich glaube nicht, daß man sagen kann, die Liebe zum Meister habe sich nach dessen Weggang in Gottesliebe gewandelt. Vielmehr glaube ich, daß Schems ud-Din in Rumi durch ein starkes, mystisches Erlebnis der Erleuchtung das Feuer der Gottesliebe entzündete. Er war wie ein Fenster, durch das Rumi »glühenden Herzens« in die göttliche Welt blickte. Klingt es nicht wie eine vertraute Legende, daß dieser junge, unbekannte Meister kam, kurze Zeit verweilte und wieder verschwand, »... wie Engel kommen und gehen, aber nicht auf Erden wohnen«? Durch ihn wurde in Rumi das Einmalige erweckt, das ihn berühmt gemacht hat. »Ohne eine Herrschermacht wie die des Schems Tebrisi könnte man nimmer den Mond schaun noch zum Meer werden.«

Ich hoffe, daß ich etwas von dem vermitteln konnte, was meine Liebe zu dem großen, alten Meister persischer Mystik ausmacht. »Verstehen« kann ich ihn, glaube ich, selbst nicht. Vielleicht wenn ein Vogel geflogen käme und trüge als Halsband die Geheimnisse Salomos ... Vieles möchte ich noch erzählen, aber Ihr wißt ja: Die Sufiwahrheit besteht aus zehn Teilen. Einer davon ist wenig reden — und neun sind Schweigen. Darum schweige ich jetzt. Ich wünsche Euch Freude an »der Süßigkeit dieses Rosengartens«.

Guerneville, 31. 3. 1978   Linde Thylmann-Keyserlingk

Dschelaleddin Rumi

Wie ein Falk hoch überm Tal,
Kreist er trunken um den Pfahl.
Trommeltakt und Flötenschrei
Sind Gesetz und Zauberei.
In den Reigen mit Gewalt
Wirft er sich, zum Stern geballt
Stallt er auf zum Firmament,
Das in Feuerspiralen rennt,
Schraubt ihn Kreisen und Getön
In den Schrecken fremder Höhen.
Und in wirren Liebesbrand
Reißt er Gott am Mantelrand,
Dass er seines Weins vergisst.
Und er schlürft was überfließt,
Bis aus seinen Lippen bricht
Offenbarung im Gedicht.

Quellen:

A. J. Arberry: Mystical Poems of Rumi / University of Chicago Press 1968 ∼ Discourses of Rumi (Fihi ma fihi) / John Murray, London 1961 ∼ The Rubaiyat of Jalal al-Din Rumi, London 1949 ∼ More Tales from the Masnavi / Allan & Urwin, London 1963 ∼
T. Burckhardt: Vom Sufitum / O. W. Barth Verlag
J. C. Bürgel: Licht und Reigen / Lang, Frankfurt 1974
J. v. Hammer-Purgstall: Duftkörner aus persischen Dichtern / Cotta, Stuttgart 1860 ∼ Hans Meinke: Ghaselen aus Rumis Diwan / Paian Druck, Berlin 1969 ∼ R. A. Nicholson: Selected Poems from the Divani Shamsi Tabriz / University Press, Cambridge 1898 ∼ The origin and development of Sufism, 1906 ∼ The Mathnawi of Jalalu'ddin Rumi / Luzac & Co, London 1925 ∼ Rumi, Poet and Mystic / Allen & Urwin, London 1950 ∼ H. Ritter: Das Meer der Seele / Brill, Leiden 1955 ∼ Vincenz von Rosenzweig: Auswahl aus den Diwanen des Mewlana Dschelâl eddin Rumi / Wien 1838 ∼ Georg Rosen: Mesnevi, Doppelverse des Scheich Mewlânâ Dschelal ed din Rumi / Georg Müller, München 1913 ∼ Idries Shah: The way of the Sufi / Dutton 1971, Diederichs, Köln 1976 ∼ A. Schimmel: Rumi / Reclam 1964 ∼ Karl Thylmann: Ghaselen des Dschelâl-eddin Rumi / Der kommende Tag A. G., Stuttgart 1921 ∼ E. H. Whinfield: Teachings of Rumi, the Masnavi / Octogon Press, London 1973 ∼

Das Vorsatzblatt zeigt Karl Thylmanns Tuschezeichnung „der Pfauenengel", ein altes Sufisymbol für Bewusstseinserweiterung, das Faksimile zeigt das Ende von Thylmanns handschriftlichem Gedicht „Dschelâl-eddin Rumi" (Gesamtwerk Band 1).

Die ersten zwölf
Ghaselen übersetzte
Karl Thylmann (1888–1916). Die anderen Ghaselen wurden ausgewählt,
aus dem Englischen übertragen und hand-
geschrieben von Linde Thylmann. Die Buch-
gestaltung, aus den 1911 entstandenen Zeich-
nungen und Entwürfen von Karl Thylmann, be-
sorgte Andreas Thylmann. Dank an alle sichtbaren und unsichtbaren Helfer.

Gesänge

des tanzenden Gottesfreundes

Dschelâl-eddin Rumi

von

Karl Thylmann

gezeichnet 1911, von Linde Thylmann
übertragen und geschrieben 1977

Horch mit dem Ohr der Seele den zahllosen Tönen in der Höhlung des grünen Dems, von inbrünstigen Rufen der Liebenden!

Sind die Schnüre deines Kleides gelöst von der Berauschung der Liebe, schau des Himmels Triumph und Orions Verwirrung.

Wie die Welt, hoch und gering, in Aufruhr gebracht ist durch die Liebe, die von hoch und gering gereinigt ist!

Wenn die Sonne aufgeht, wo bleibt die Nacht? Wenn die Freude der Güte kommt, wo bleibt die Trübsal?

Ich schweige, sprich du, Seele der Seele der Seele, du, nach dessen Gesicht sehnsüchtig jegliches Atom ausgeprägt erwuchs.

Gestern abend übergab ich einem Stern Nachrichten für dich: „Biete, sagt' ich, „meinen Dienst dieser mondgleichen Gestalt." Ich neigte mich und sprach: „Biet' diesen Dienst der Sonne, die harte Felsen mit ihrem Brennen zu Gold macht."

Ich blösste die Brust, ich zeigt' ihm die Wunden: „Gib", sagt' ich, „Nachricht von mir dem Geliebten, dessen Trunk unser Blut ist."

Ich schwankte hin und her, dass das Kind, mein Herz, ruhig werden möchte. Ein Kind schläft, wenn man die Wiege schwenkt. Gib meinem Herzen, dem Säugling, Milch, hilf seinem Weinen ab, o du, der du jederzeit hundert Hilflosen hilfst gleich mit.

Des Herzens Heimat, vom Anfang bis zum End', ist deine Stadt der Einheit. Wie lange willst du dies Herz in Verbannung verloren lassen?

Ich spreche nicht weiter, aber um Kopfschmerz abzuwenden, o Weinschenk, mach mein schmachtendes Auge trunken.

Gatten ∾ seine Rosen mögen in Blüte
stehen zur Auferstehung! O Abgott ∾ beide
Welten seien verstört ob seiner Schönheit.
Der Schönen Fürst geht stolz auf die Jagd am
Morgen. Mögen andere herzen dem Pfeil seines Glanzes Beute sein! Welche kunde
kommt stetig aus seinem Aug' in das
meine! Mögen meine Augen erfreut und
erfüllt sein von der Berauschung seiner
kunde!

Ich erbrach eines Büssers Tür. Mit Beschwö-
rung bannte er mich und sagte:„ Geh, dein
ganzes Leben sei friedlos!" ∾ Nicht Frie-
de noch herz ist mit dahin von seiner Be-
schwörung, durch den Freund, der durstig
ist nach unserm Blut ∾ sei Gott ihm
gnädig!

Mein Leib ist dem Mond gleich, der aus Liebe schmilzt. Mein herz gleicht Suhras Laute ∾ mögen seine Saiten zerbrechen! Sieh
nicht auf des Mondes Schwund noch auf
Suhras Gebrochenheit. Schau die Süsse seines Leids. Möge sie tausendfältig wachsen.

Welch eine Braut ist in der Seele! Vom
Abglanz ihres Angesichts werde die Welt
erfrischt und gefärbt wie die Hände der
Neuvermählten!   Sieh nicht auf die

leibliche Wang, die verdirbt und verfällt;
sieh auf die geistige Wange ∽ möge
sie süss und lieblich sein!

Der dunkle Leib gleicht einem Raben und
dem Winter die Körperwelt; o diesen
zwei Unliebsamen zum Trotz sei hier
ewiger Frühling! Denn diese beiden
Unliebsamen bestehen durch die vier
Elemente; möge das Dasein deiner
Diener auf anderen denn den vieren
beruhen!

Ich war am Tag, da keine Namen waren, noch irgend ein Anzeichen von Dasein mit Namen begabt war. Durch mich wurden Namen und Benanntes wirklich, am Tage, als da weder „ich" noch „wir" war. ~ Als Zeichen ward die Lockenspitze des Geliebten ein Zentrum der Offenbarung! Bis dahin war die Spitze dieser schönen Locke nichts.

Ich suchte bei Kreuz und Christen, von End zu End. Er war nicht am Kreuz. Ich kam zum Götzentempel, kam zur alten Pagode: Keine Spur war da zu finden. Ich kam zu den Bergen Harat und Kandahar. Ich sah mich um, er war nicht im Bergland.

Ich nahm mit's vor und stieg zum Gipfel des Kaf. Dort war bloss die Wohnstätte des Anka. Ich griff die Zügel, um in der Kaaba nachzuforschen; er war nicht in diesem Sammelpunkt von jung und alt.

Ich schaute in mein eigenes Herz; da sah ich ihn. Er war nicht anderswo. ~ Ausser dem seelenlautern Schems din Tebris war niemand trunken, berauscht und verzückt.

Zur Morgenzeit erscheint ein Mond am Himmel und kommt vom Himmel herab und blickt mich an. Gleich einem Falken, der nach einem Vogel hascht zur Jagdzeit, hascht mich dieser Mond und jagt über den Himmel.

Wenn ich mich selbst betrachtete, sah ich mich selbst nicht mehr, weil in diesem Monde mein Leib aus Gnade wie Seele ward. Wenn ich in der Seele wanderte ∾ sah ich nichts denn den Mond, bis das Geheimnis der ewigen Gottschau ganz offenbart war.

Die neun Sphären des Himmels waren in diesen Mond ganz eingesenkt, das Schiff meines Daseins war vollkommen untergesunken im Meer. Das Meer brach sich in Wogen, und auferstand die Weisheit und liess einen Ruf erschallen; so kam es und also geschah's:

Es schäumte das Meer und in jedem
Schaumfleck nahm etwas Gestalt an
und wurde weitergebildet. Jede Schaum-
gestalt, die ein Zeichen empfing von
diesem Meer, schmolz alsogleich und
wurde zu Geist im Ozean.

Ohne eine Herrschermacht wie die des
Schems Tebrisi könnte man nimmer
den Mond schaun noch zum Meer
werden.

Schönheit, die die ganze Nacht lang Venus und den Mond Liebeskünste lehrt, und deren beide Augen durch ihre Zauberei des Himmels Augen offenhalten, blick auf unsere Herzen.

Was auch geschehe, Moslims, ich bin so eins geworden mit ihm, dass kein Herz mit mir mehr eins ist. Ich war als erster von seiner Liebe geboren, ich gab ihm als letzter mein Herz. Wenn die Frucht vom Zweige springt, hanget sie an jenem Zweig.

Seine Lockenspitze spricht: „Ergib dich der Seiltänzerei!" Seine Herzenwange spricht: „Wo ist eine Motte, dass sie verbrenne!" Um des Tanzes willen auf diesem Seil, eil dich, Herz, werde zum Reifen! Stürz dich selber in den Brand, wenn seine Kerze strahlt.

Ohne den Brand hältst du es nimmer aus, so du die Verzückung des Brennens erlebt hast, und käme zu dir das Wasser des Lebens, es würde dich nicht aufstören vom Brande.

Könnte sich ein Baum mit Fuss und Flügel bewegen, er würde nicht die quälende Säge, die Hiebe der Axt nicht dulden. Und käme die Sonne nicht einher, mit Flügel und Fuss jedwede Nacht, wie sollte die Welt zur Morgenzeit erleuchtet sein?

Und stiege das salzige Wasser nicht auf vom Meer in den Himmel, woher sollte der Garten sich an Strom und Regen erquicken? Macht der Tropfen sich los von der Heimstatt und kehret er wieder, findet er eine Muschel und wird zur Perle.

Ging nicht Josef weinend vom Vater zur Fremde? Kam er nicht in der Fremde zu Königsmacht, Glück und Sieg? ~ Wandte sich Mustafa nicht nach Medina? Gewann er nicht Herrschertum über hundert Lande?

Trotzdem wählt dein Fuss nicht die Fahrt
in dich selbst, wie in den Rubinschacht
ein Sonnenstrahl sticht.

Mach eine Wanderung aus dir selber, in
dich selbst, o Meister! Denn durch solche Wanderung wird die Erde ein Gold-
bruch.

Aus dem Sauren und Bittren komm zur
Süssigkeit, so wie aus salzigem Erd-
reich Frucht schiesst, tausendfach.

Durch die Sonne Schems, den Stolz von
Tebris, schau diese Wunder, denn jeder Baum wird schön im Sonnen-
licht.

Ich schrie auf um Mitternacht: „Wer ist im Hause des Herzens?" Er sprach: „Ich bin's, durch dessen Angesicht Mond und Sonne beschämt sind." Er sprach: „Warum ist dies Herzhaus mit allerlei Bildern angefüllt?" Da sprach ich: „Das sind die Gedanken über dich, o du, dessen Antlitz eine Kerze von Chigil ist".

Er sprach: „Was ist dies andere Bild, überronnen mit Herzblut?" Da sprach ich: „Es ist mein Bild, wunden Herzens, die Füsse im Staub." Ich band meiner Seele den Nacken und brachte sie als Denkzeichen zu ihm: „Es ist der Gläubige der Liebe; opfe den eigenen Gläubigen nicht."

Aus dem Zelt meiner Seele schlug die Gestalt des Geliebten empor, schöner als vorher. Ich streckte die Hand nach ihm aus, er schlug mir darauf und „lass dies," sprach er. Ich sprach: „Du bist hart, wie nur du sein kannst." „Wisse", sprach er wiederum, „dass ich aus Güte hart bin, nicht aus Hass und Groll."

Sicher ist Salah uddin das Bild dieses Schönen Einen. Reib dir die Augen und schaue das Bild des Herzens.

Warum nimmt die Seele keine Schwingen, wenn von der göttlichen Gegenwart süsses Gunstwort zu ihr kommt: „Empor"?

Wie sollte der Fisch nicht vom Trocknen ins Wasser schnellen, wenn das Wogengeräusch des kühlen Meeres sein Ohr trifft?

Warum sollte der Falke nicht vom Steinbruch weg zum König fliegen, wenn er mit Trommel und Trommelton zur Rückkehr sich berufen hört?

Warum sollte nicht jeder Sufi zu tanzen beginnen, einem Sonnenstäubchen gleich, in der Sonne der Ewigkeit, dass sie ihn von der Vergänglichkeit erlöse?

O Gnade, Schönheit, Lieblichkeit und Beschenkung des Lebendigen! Welch Elend und Irrtum wenn jemand darauf verzichtet.

Flieg, flieg mein Vogel zum Land deiner
Geburt, denn du bist dem Käfig entkommen und deine Schwingen sind
ausgebreitet.

Fliege fort vom Strom der Bitternis
und dem Wasser des Lebens zu, kehre
zurück vom Vorhof auf den hohen
Thron der Seele.

Eil dich, Seele, denn wir alle gehen
von dieser Welt der Trennungen in
jene Welt der Einung. Lasst uns
die Erde verlassen und himmelwärts fliegen...

Schrei laut und verkünde, dass du
König bist; dir wird die Gnade
der Antwort zuteil werden, denn
du hast das Wissen zu fragen.

Ich bin ein Maler und mache Gemälde. Jeden neuen Augenblick schaffe ich eine schöne Form, und dann wische ich sie in deiner Gegenwart alle weg.

Ich rufe hundert Erscheinungen auf und flöße ihnen Geist ein. Wenn ich deine Erscheinung schaue, werf ich die andern ins Feuer.

Bist du des Weinhändlers Schenk oder der Feind des Nüchternen? Oder bist du's, der aus jedem Haus, das ich bau, eine Trümmerstatt macht?

In dir ist die Seele aufgelöst, mit dir ist sie vermischt. O ich will die Seele hegen, denn sie hat einen Duft von dir.

Jeder Blutstropfen, der aus mir rinnt, spricht zu deinem Staub: Ich bin mit deiner Liebe einer Farbe, ich bin der Genosse deiner Neigung.

Im Haus aus Wasser und Lehm ist ohne dich trostlos das Herz. O Geliebter, tritt ein in das Haus, oder ich werd' es verlassen!

Glücklich der Augenblick, wenn wir im Palaste sitzen, du und ich, mit zwei Formen, zwei Gestalten, doch mit einer Seele, du und ich.

Die Farben des Hains und die Stimmen der Vögel werden Unsterblichkeit spenden, wenn wir in den Garten kommen, du und ich.

Die Sterne des Himmels werden uns anzuschauen kommen; wir werden für sie der Mond selber sein, du und ich.

Du und ich, keine Einzelnen mehr, werden in Entzückung vermischt sein, freudenvoll, sicher vor närrischem Geschwätze, du und ich.

Dies ist das grösste Wunder, daß du und ich, hier im selben Winkel sitzend, in diesem Augenblick beide in Teak und in Chorassan sind, du und ich.

Ich sah meinen Geliebten aus dem
Hause wandern, er hatte eine Laute ge-
nommen und spielte ein Lied. Hin-
reißend wie Feuer spielte er eine
süße Melodie, trunken, verzückt und
verzaubert vom Nachtgelag.

Er rief den Weinschenken an in der
Tonart von Irak. Wein war sein Zweck,
der Weinschenk war eine Ausrede nur.
Der schöne Schenke, den Krug in der
Hand, schritt aus der Verborgenheit
hervor und stellte ihn mitten hin.

Er füllte den ersten Kelch mit glän-
zendem Wein — sahst du jemals
Wasser auf Feuer gesetzt? — Denen,
die in Liebe kamen, reichte er ihn von
Hand zu Hand, dann neigte er sich
und küßte die Schwelle.

Mein Geliebter empfing den Kelch von
ihm und schlürfte den Wein. Augen-
blicklich loderten Glutflammen um sein
Haupt und Gesicht. In seiner eigenen
Schönheit ruhend sprach er zum Auge
des Bösen: In diesem Zeitalter war nicht
noch wird je sein, ein anderer gleich
mit. Ich bin die göttliche Sonne, der Geliebte der Liebenden. Seele und Geist sind
in immerwährender Bewegung vor mir.

Jede Form hat ihren Archetyp in der raumlosen Welt. Schwindet die Form, was tut's? Ewig währt das Urbild. — Jede liebliche Gestalt, die du gesehen, jede gute Rede, die du gehört — sei nicht niedergeschlagen, wenn sie vergehen, denn dem ist nicht so.

Weil der Quellursprung unsterblich ist, fliessen die Bäche immerdar, nichts kann gänzlich vergehen. Warum also klagst du?

Betrachte die Seele als Qelle und alle erschaffenen Dinge als Bäche. Solange die Quelle fliesst, speist sie die Bäche. Verbanne allen Kummer aus deinem Denken und trinke aus diesen Bächen in langen Zügen. Denke nicht, dies sei Verschwendung, denn dieses Wassers ist kein Ende.

Zugleich mit deiner Einkerkerung in die Sinnenwelt wurde eine Leiter zu deiner Flucht bereitet, auf dass du wieder entkommen mögest:

Zuerst warst du Kristall und wandeltest dich zur Pflanze. Dann wurdest du Tier. — Ist dies Geheimnis dir unbekannt?

Später wurdest du Mensch, begabt mit Wissen, Vernunft und Vertrauen. Betrachte deinen Leib, eine Ansammlung von Staub, wie vollkommen ist er gewachsen. — Nachdem du deine Reise als Mensch beendet hast, wirst du zum Engel werden, sicherlich. Damit ist dein Dasein auf dieser Erde zu Ende. Dein Ort ist der Himmel.

Durchschreite endlich auch das Engeldasein: Betritt den Ozean, in dem du als Tropfen zum Meer werden kannst, eines von hundert Meeren des Omān.

Mach dich frei vom Gedanken der persönlichen Geschlechterfolge, sage „Eins" von ganzer Seele. Wenn dein Körper alt geworden ist, was tut's? Die Weltenseele ist immer jung.

Dieser Mond so vollkommen, wie ihn der Himmel nicht einmal im Traume sah, ist zurückgekehrt! Er hat ein Feuer mitgebracht, das kein Wasser zu löschen vermag.

Sieh mein Körperhaus und sieh meine Seele, dieses betrunken gemacht und jene verwirrt von der Berauschung seiner Liebe.

Als der Herr der Weinschenke meines Herzens Geliebter wurde, wandelte sich mein Blut zu Wein und mein Herz zum Heiligtum. Immer wenn das Auge erfüllt ist von Gedanken an ihn, ertönt eine Stimme: „Gut getan, Weinkrug, und bravo, Wein!"

Als mein Herz der Liebe Meer sah, verließ es mich plötzlich, hüpfte hinein und rief: „Such mich!"

Mögen der Liebe Finger das Dach meines Hauses aufreissen, um die göttlichen Sonnenstrahlen einzulassen. ~ Das Angesicht von Schems din Tebris' Herrlichkeit ist die Sonne, deren Spur die wolkengleichen Herzen folgen.

Unsere Verlassenheit kennt keine Grenzen, unsere Herzen und Seelen finden keine Ruhe.

Die irdische Welt gibt tausend Bildern Form, welches davon ist das unsere?.. Vielleicht — wenn ein Vogel geflogen käme und trüge als Halsband die Geheimnisse Salomos...

Ach was soll ich sagen, was denken? Dies ist zu hoch für unser begrenztes und abhängiges Dasein. Doch wie auch soll ich schweigen, wenn jeden Augenblick unsere Qual quälender wird?

Rebhuhn und Falke fliegen zusammen inmitten der Lüfte unseres Berglandes, inmitten der Lüfte, die zugleich die siebente Sphäre bilden, in deren Zenith unser Saturn steht.

Aber sind nicht die sieben Himmel noch diesseits des Empyreums, der göttlichen Gegenwart? Erst dahinter liegt ja das Zentrum unserer Wandlungen.

O was für ein Ort der Sehnsucht
nach dem Empyreum und dem
Himmel ist dies, denn unsere Reise geht zu den Rosengärten der
All-Einheit.

Vergiss dieses Lied, frag nicht
nach mir, denn nun ist der Fa-
den meiner Erzählung gänzlich zer-
rissen. Die Bedrängnis hat mich verlassen, ich tanze in Ekstase.

Sala uddin wird dir die Schönheit unseres Herrn beschreiben, König der
Könige.

Aus dem Schoße meines Innern steigt beständig der Wohlgeruch des Geliebten. Wie sollte ich nicht jede Nacht mein ewiges Selbst in Liebe umarmen? Gestern abend war ich im Garten der Liebe, träumend voll Verlangen:

Seine Sonne blinzelte in meine Augen und ein Tränenstrom der Freude begann zu fliessen. Jede Rose, die seinen lachenden Lippen entsprang, war dem Dorn des Daseins entronnen. Jeder Baum und jeder Grashalm tanzte auf den Wiesen vor Freude.

Da plötzlich erschien auf einer Seite die edle Zypresse, so dass der Garten erblasste und die Wiesen in Applaus ausbrachen: Ein Gesicht wie Feuer, Wein wie Feuer, Liebe wie Feuer. O so berauschend alle drei. Meine Seele — von den Feuern verwirrt — klagte: „Wohin soll ich entfliehen?"

Aber: Zahlen sind notwendig in der
Welt der fünf Sinne und vier Ele-
mente, in der Welt der göttlichen
Einung bestehen sie nicht.

Du kannst hunderttausend Gläser
süssen Wassers in deinen Händen
zählen, das Wasser wird „eins", wenn
du die Gläser zerbrichst.

So viele Worte gibt es in der Welt,
aber die Sprache des Herzens braucht
„eines" nur. Und der vielfältig-bunte
Fächer unserer Farben entstammt dem
„einen" Weiss der Ewigkeit.

Sieh, alle meine Reime werden zu ge-
horsamen Dienern für Schems Tebrisi, den König auf dem Thron.

Perle du der Perlen, niemand könnte deinen Wert bezahlen. Wer dich besitze erhielt dich als Geschenk. Und was besitze die Welt, das nicht dein Geschenk wäre?

Gibt es eine schlimmere Strafe, denn die, deinem Angesicht fern zu sein? O strafe so nicht deinen Diener, auch wenn er deiner unwürdig ist. Lässt jemand sich fallen in die Brandung der Zufälle, der entkommt nicht durch Schwimmen, denn er ist nicht dein Freund. Doch lass du ihn nicht verderben in dieser Welt vergänglicher Kleinlichkeit, denn er kennt ja deine Ewigkeit nicht.

Glücklich der Schachkönig, der beschützt wird von deinem Turm. In welch edler Gesellschaft ist er, der dich nicht vermisst.

Ich begehre ständig, mein Herz und meine Seele dir zu Füssen zu werfen. Staub auf das Haupt jeder Seele, die nicht Staub ist vor deinen Füssen!

Segen über alle Seelenvögel, die nach
dir Verlangen tragen. Wie unglücklich
ist der Vogel, der dich nicht begehrt.
Ich will nicht deinen Schicksalsschlag
vermeiden, denn sehr unvollkommen
ist das Herz, das niemals brannte
im Feuer deiner Betrübnis.

Deines Ruhmes und derer, die dich
preisen, ist kein Ende. Jedes Atom
wirbelt im Tanz zu deinem Lobe.
Nicht wie jenen, von dem Nizami
erzählt in seinen Versen, quäle mich,
denn ich kann deine Tyrannei nicht
ertragen.

O Schems Tebrisi, Schönheit und Glanz
von allen Horizonten. Jeder König ist
ein Bettler vor dir, mit Herz und
Seele.

Was ist zu tun, o Moslems? Ich kenne mich selbst nicht mehr. Ich bin weder Christ noch Jude, weder Perser noch Moslem. ~ Ich bin vom Osten nicht und nicht vom Westen, vom Lande nicht und nicht vom Meer, nicht aus der Werkstatt der Natur, noch aus dem kreisenden All.

Ich bin nicht aus Erde, Wasser, Luft oder Feuer. Ich komme nicht aus dem Empyreum, noch aus dem Staub, bin nicht im Endlichen, noch im Unendlichen. ~ Ich komme nicht aus Indien, China oder Bulghar, nicht aus dem Königreich des Irak noch vom Lande Chorassan. ~ Ich bin weder von dieser Welt, noch von jener, nicht aus dem Paradies und aus der Hölle nicht.

Mein Ort ist ortlos, spurlos meine Spur, mein Körper körperlos und seelenlos die Seele, denn ich gehöre dem Geliebten. Alles Endliche wird so unendlich. Ich habe alle Trennung überwunden, ich sehe beide Welten als All-Einheit.

Eins such' ich, Eines weiss, Eins sehe
und bekenne ich: „Er ist der Erste
und der Letzte, das Aussen und die
Innenwelt. Ich kenne keinen anderen
als ‚Gott' und ‚Ihn, der da ist'." Ich
bin trunken von Liebe, die beiden Welten sind meinem Gesichtskreis ent-
schwunden. Ich habe nichts im Sinn als
Trank und Lust.

Wenn ich einmal in meinem Leben
einen Augenblick ohne dich verbringen müsste, von dieser Stunde an
gereute mich mein ganzes Leben. Wenn
einmal nur in dieser Welt ich einen
Augenblick mit dir vereint sein kann,
will ich auf beide Welten treten und
tanzen im Triumphe immerdar.

O Schems Tebrisi, ich bin so in Ekstase, dass ausser über Trunkenheit
und Lustbarkeit ich keine Lieder
mehr zu singen weiss.

Ein Mensch in Gott ist trunken ohne Wein und satt auch ohne Fleisch.

Ein Mensch in Gott lebt in Erstaunen und Verzückung, er braucht nicht Nahrung noch Schlaf.

Ein Mensch in Gott ist König in der Derwischkutte, ist ein verborgener Schatz in einer alten Burg.

Ein Mensch in Gott hat keinen Leib aus Staub und Wind, aus Feuer oder Wasser.

Ein Mensch in Gott ist Teil vom grenzenlosen Meer und darum kann er Wunderperlen ohne Wolken regnen.

Ein Mensch in Gott hat hundert schöne Monde und hundert Liebessonnen, ja hundert Himmel. In Betrachtung der Wahrheit wurde er weise, nicht durch Bücher.

Dem Menschen in Gott stellt sich die
Frage nach dem rechten Glauben nicht.
„Richtig" und „falsch" sind ihm zwei
Hälften einer Sache.

Ein Mensch in Gott wirkt nicht im
Alltagsleben. Sein Glanz bleibt ihm
und anderen verborgen.

Der Mensch in Gott hat strahlende
Begleiter. O Schems ud-Din!

Suche du und finde sie.

Zeige dein Angesicht, denn mich verlangt nach dem Obstgarten und dem Rosengarten; öffne deine Lippen, denn ich begehre Zucker in Fülle.

Tritt heraus, o Sonne, aus dem Wolkenschleier, denn ich trage Verlangen nach dem strahlenden Glanz deiner heiligen Ruhe.

Aus Liebe zu dir gehorchte ich dem Klang der Falkentrommel. Ich, der Falke, bin zurückgekehrt, denn meines Sultans Hand ist meiner Sehnsucht Ziel.

„Ärgere mich nicht länger", sagtest du launenhaft „pack dich!" — Auch nach deinen Worten trage ich Verlangen. Auch den Befehl: „Geh, er ist nicht zu Hause!" und die stolzen Mienen und die Rüstungen deiner Türhüter begehre ich.

O süsser Zephir, der vom Blumenbeet des Freundes kommt, überwehe mich, denn ich warte sehnlichst auf Nachricht vom Basilienkraut.

Brot und Wasser des Lebens sind wie eine kostbare Flut. Ich bin ein grosser Fisch und sehne mich nach dem ewigen Meer von Oman.

Bei Gott, ohne dich wird diese Stadt mir zum Gefängnis. Über Berge und durch Wüsten will ich zu dir wandern.

Oder: In einer Hand das Weinglas, in der andern eine Locke des Geliebten, so zu tanzen in der Mitte des Marktplatzes ist mein Begehr! Ach mein Herz ist dieser Spiessbürger hier müde. Mich verlangt nach dem Gotteslöwen und Rustam, dem Heldensohn.

Kleine Splitter von Schönheit besitzt jeder Lebende. Aber ich begehre den ganzen Steinbruch, das ganze Bergwerk der auserlesenen Herrlichkeit. Arm wie ich bin, werde ich doch niemals mit einem kleinen Carneol alltäglicher Lust zufrieden sein. Das ganze Bergwerk aller, gleich feurigen Carneolen zitternder Ekstasen, ist mein Begehr, und mich verlangt nach jenen, die in trunkenem Wirbeltanze Gotteslieder singen.

Meine Seele ist der Tyrannei der Pharaonen müde. Ich sehne mich nach der Ermutigung, die von Moses' strahlendem Angesicht ausgeht, Sohn des Imrân.

Sie sagen: „Gott ist nicht zu finden, wir suchten ihn lange." Ich denke, das, was nicht zu finden ist, das ist's, was ich begehre.

Ich will von Sein und Raum fort zum Wesentlichen gelangen. Er ist unseren Augen verborgen, obwohl er in allen Dingen ist. Ich begehre diesen Verborgenen, dessen Werk nur sichtbar ist.

Mein Ohr lauschte dem Lied des Glaubens und war berauscht und ich sagte: „Die Glieder und der Leib und die Gestalt des Glaubens sind mein Verlangen."

Ich bin selbst das Saitenspiel
der Liebe, und die Liebe ist ein
Saitenspiel für mich. Ich begehre
die Fingerfertigkeit und die Stimme eines Künstlers wie Othman.

Das Saitenspiel sagt: Jeden Augenblick verlangt mich leidenschaftlich
nach der Gunst und Gnade des
barmherzigen Meisters.

Sei klug, o Spielmann, und lerne
den Rest dieser Ghasele in dieser Weise zu singen, denn diese
Weise ist es, nach der ich Verlangen trage.

Ich bin ein kleiner Waldvogel: Die
Gegenwart des vogelkundigen Salomo ist mein Begehr.

Entfache du, o leuchtende Sonne von
Tebris, die Morgendämmerung der
Liebe.

Das ist Liebe: himmelwärts zu fliegen, jeden Augenblick hundert Schleier zu zerreißen, unser Herz von den sichtbaren Dingen zu lösen, nicht nur zu sehen, was uns sichtbar scheint. Auf das Selbst zu verzichten und immerdar in Gott zu wandeln ist Anfang und Ende jeder mystischen Reise.

O Seele, sagte ich, möge dies ein Segen für dich sein: Ich bin in den Kreis der Liebenden eingetreten. Ich kann weiter sehen, als die Sehweite des Auges reicht. Ich kann nun die Windungen der Herzen durchdringen.

Wie kam es, dass du hier atmest, o meine Seele? Woher kommt dies Pochen, mein Herz? O Seelenvogel, sprich in deiner Sprache, denn ich kann die verborgene Botschaft verstehen.

Die Seele antwortete: Ich war in der göttlichen Werkstatt, als dein Körperhaus aus Wasser und Lehm gemacht wurde. Ich wollte fortfliegen. Aber sie schlossen mich ein, wie eine Gestalt in eine tönerne Form.

Jeden Augenblick kommt die Stimme der Liebe von links und rechts. Wir sind aufgebrochen gen Himmel. Warum sollten wir unsere Zeit noch mit Nichtigkeiten verbringen?

Wir waren im Himmel, wir waren Freunde der Engel. Darum lasst uns zurückkehren, denn das ist unser Heimatland.

Wir können höher als der Himmel und weiter als die Engel streben, ja weit darüber hinaus. Unser Ziel ist die höchste Erleuchtung.

Wir sind herabgestiegen, ja — aber lasst uns zurückeilen. Was für ein Ort ist dies! Wie verschieden ist der Ursprung des Staubes und der reinen Substanz. Junges Glück ist unser Freund, Unterwerfung der Seele unser Tun.

Der Führer unserer Karawane ist Mustafa der Glanz der Welt. Dieses Sturmes süßer Duft kommt von der Locke seiner Haarsträhne. Der Glanz dieser Gedanken ist von der Stirn, die da heißt:

~ Schönheit des Morgens ~

Keine Freude konnte ich in beiden Welten finden, fern von dir, mein Geliebter. Viele Wunder habe ich gesehen, keines war mit dir vergleichbar, du Wunderbarer. Man sagt, das Höllenfeuer sei der Ungläubigen Lohn. Ich habe niemanden gesehen, der vom Brande deines Feuers verschont geblieben wäre.

Oft legte ich meiner Seele Ohr ans Fenster des Herzens. So empfing ich geheime Botschaften von dir, obwohl ich deine Lippen nicht sah. Plötzlich überschüttetest du mich mit Erleuchtung, du Gnadenreicher. Ich konnte dafür keinen anderen Grund erkennen, als deine unendliche Güte.

O auserwählter Mundschenk, o Augapfel, meine Liebe ist dein. Niemals erschien in Persien oder Arabien jemand gleich dir. Giess ein den heiligen Wein so lange, bis ich im Rausch von mir selbst fortwandere. Denn in der Selbstbefangenheit des Daseins habe ich nur Schwachheit empfunden.

O du bist wie Milch und Zucker, du bist Sonne und Mond. Du bist Vater und Mutter. Ich habe keinen Blutsverwandten außer dir.

O unzerstörbare Liebe, o göttlicher Minnesänger. Du bist meine Bleibe und Zuflucht, einen Namen wie deinen habe ich nirgends gefunden.

Wir sind wie Eisenstücke und deine Liebe ist der Magnet. Du bist die Quelle der Sehnsucht, in mir selbst ist nichts dergleichen.

Nein, schweige, Bruder, sprich nicht von Gelehrsamkeit und Kunst. Ich vergaß alles, was meine Lehrer mich lehrten. Du bist, was sie zu lehren vergaßen. Du bist Weisheit und Kunst.

Dich habe ich erwählt und dich allein. Willst du mich so viel Kummer leiden lassen? Mein Herz ist wie eine Schreibfeder in deiner Hand. Du machst meine Lieder traurig oder froh. Verweigerst du dich mir, so hab' ich nichts; zeigst du dich nicht, was ist von mir zu sehen?

Aus meinem Innern lässt du Dornen wachsen und Rosen auch. Jetzt riech' ich Rosenduft, jetzt fühl ich Dornenschmerzen. Worin du mich befangen hältst, das fühle ich; und willst du anders mich, so bin ich anders.

Ich seh' das Glas, aus dem du Farben gibst den Seelen. Wer bin ich, was ist meine Liebe und mein Hass? Du warst der Erste und wirst der letzte sein. Mache mich letztlich besser als zuerst.

Bist du verborgen, fasst des Nichtseins Unglaube mich. Stellst du dich dar, so glaube ich im Sein. Nichts habe ich, was du mir nicht gegeben. Was könnte ich vor dir verborgen halten?

Wer ist dies, o meine Seele, der hier wohnt im Hause des Herzens? Wer sitzt auf dem Thron, der nur Königen und Prinzen gebührt? Er winkte mir mit der Hand:„ Sage, was du von mir begehrst."

Was kann ein Betrunkener schon begehren außer süßen Speisen und einem Glas Wein? Süße Speisen für die Seele, einen Kelch voll absolutem Licht, ein immerwährendes Bankett in den Privatgemächern genannt:„ Er ist die Wahrheit."

Wieviele Gäste sind auf des Weintrinkers Fest? Gib acht, dass du nicht fällst, o einfältiger Mensch. Hüte dich, halte dich nicht auf im Kreis von Gauklern. Leicht schließt sich dein Auge wie eine Knospe, während dein Mund sich öffnet wie eine Rose.

Die Welt gleicht einem Spiegel, der deine göttliche Liebe widerspiegelt. O Leute, wer hat je ein Teil gesehen, das größer war als das Ganze?

Ich rate dir, geh zu Fuss wie das Gras, denn gleich der Rose reitet in diesem Garten nur der Geliebte. Alle andern gehen zu Fuss. Er ist beides: Das Schwert und der Schwertträger, der Sieger und der Geschlagene. Er kann alles mit dem Verstand erklären und macht zugleich jede Erklärung überflüssig.

Dieser König ist Salah ud-Din. Möge er ewig währen, möge seine Freigebigkeit wie ein immerwährendes Halsband um meinen Hals liegen.

Herz, warum bist du ein Ge-
fangener der Erde, die gar bald ver-
geht? Fliege fort aus diesem Gehege,
denn du bist ein Vogel der Geisteswelt.
Du bist der herzliebste Busenfreund,
du bist willkommen hinter dem ge-
heimen Schleier.

Warum nimmst du Wohnung in diesem vergänglichen Nest? Werde dir
deines Standes bewusst, mach dich
auf die Reise vom Gefängnis der
formalen Welt zu den grünen Wei-
den der Imagination. Du bist ein
Vogel der Heiligen, ein Zecher in
der Gemeinschaft der Liebenden.

Willst du wirklich hierbleiben?
Welch ein Jammer. Jeden Morgen
kommt zu dir eine göttliche
Stimme: „Wenn du den Staub
des Weges abstreifst, kommst du
zum Ziel.“

Auf dem Wege zur Kaba der All-
einheit – o – in jedem Dornbusch
brannten Tausende vor Verlangen, die ihr Leben mannhaft
hingaben. Tausende sanken ver-

wunder nieder auf diesem Weg, ehe
sie ein Hauch des Wohlgeruches der
Einung erreichte oder ein Zeichen
von der Gegenwart des Freundes.

In Erinnerung an das Fest der
Einung, im Verlangen nach seiner
Schönheit wurden sie verwirrt vom
Wein, den du kennst. O wie süss,
in der Hoffnung auf ihn, in der
Sehnsucht, sein Angesicht zu sehen,
auf der Schwelle seiner Wohnung
die Nacht zum Tage werden zu
lassen.

Doch erleuchte du die Körpersinne
mit dem Licht der Seele: Die
Sinne sind die fünf Gebete,
Aber das Herz weiss die sieben
Verse. Singe nicht nur die Liebes-
lieder der Reisenden. Diene Gott
mit aller Kraft.

Von dem Sonnenglanz von Tebris
wird dir Glückseligkeit kommen.
Es ist die Sonne der Weisheit
auf dem Thron der Geisteswelt.

Komm, komm zu mir, denn einen besseren Freund als mich findest du nicht. Wo auf der Erde ist ein himmlischer Geliebter, wie ich es bin? Komm zu mir jetzt, verschwende nicht dein Leben. Nirgends ist es besser als bei mir.

Bist du das trockne Tal —
       bin ich der Regen.
Bist du die zerstörte Stadt —
       bin ich der Architekt.
Bist traurig du —
       ich bin die Freude.
Bist du die Nacht —
       bin ich der Sonnenaufgang.

Die Welt ist ohne diesen König wie ein Körper ohne Kopf. So falte du dich wie ein Turban um dies Haupt. Komm, komm zu ihm, der dir die Füsse gab, sieh ihn dir an, der dir die Augen gab. Klatsche in deine Hände vor Freude, die er dir gab, denn seine Freude ist ohne Reue und Betrübnis. Höre auf ihn ohne Ohr, sprich zu ihm ohne Zunge, denn die Sprache der Zunge ist selten ohne Kränkung. Suche süssen Nektar im Garten der Liebe.

Von allen Seiten kommen Geschrei und Tumult, in jeder Strasse sind Kerzen und Fackeln. Denn heute nacht wird die ewige Welt aus der vergänglichen geboren.

Du warst Staub und bist Geist, du warst unwissend und bist weise. Er, der dich bis hierher geleitet hat, wird dich auch weiterführen. Wie gut ist die Betrübnis, die er dich erleiden liess, während er dich sanft zu sich wendete.

Seine Flammen sind sanft wie Wasser. Ärgere dich nicht über ihn. In der Seele zu leben ist seine Aufgabe. Bussgelübde zu brechen ist seine Aufgabe. Durch seine mannigfachen Kunstgriffe zittern deine Atome in ihrem Innersten.

In mir lebt ein anderer, durch den meine Augen strahlen. Wenn Wasser kocht, so geschieht das durch Feuer, verstehst du?

Ich habe keinen Stein in meiner Hand und ich streite mit niemandem. Ich bin nicht herrisch, denn die Süssig-keit eines Rosengartens ist in mir. Meine Augen, siehst du, sind aus einem anderen Universum.

Hier ist eine Welt, und da ist eine Welt. Ich sitze auf der Türschwelle. Auf der Türschwelle sitzen nur die, deren Beredsamkeit verstummt ist. Darum schweige ich jetzt. In mir ist die Süssigkeit dieses
Rosengartens...

Liebende, Liebende. Es ist Zeit, die Welt zu verlassen. Die Trommel des Aufbruchs ertönt für mein geistiges Ohr vom Himmel.

Siehe, der Treiber hat sich erhoben und die Reihen der Kamele vorbereitet. Er hat uns gebeten, ihm den Lärm zu verzeihen. Aber warum, o Reisende, schlafe ihr noch? Dieses Geräusch vor uns und hinter uns ist der Lärm des Aufbruchs und der Kamelglocken. Jeden Augenblick machen sich eine Seele und ein Geist auf zu den Fernen.

Von diesen herzengleichen Sternen, von diesen blauen Fernen des Himmels ist wundersames Volk gekommen, auf dass das Mysterium offenbar werde.

Ein schwerer Schlaf fiel auf dich von den kreisenden Sphären. Ein Hoch auf dieses neue, lichtvolle Leben, und hüte dich vor dem Schlummer. Wächter, sei wachsam, denn es gebührt einem Wächter nicht, zu schlafen. Liebende, Liebende sucht den Geliebten,
o Freund suche den Freund.

Komm in die Gemeinschaft der Seligen, damit du Freude empfindest. Betritt die Strasse der Tavernen, damit du sie siehst, trunken von süssem Wein. Stürze hinunter den Becher der Ekstase und schäme dich nicht. Schliesse deine Augen, damit du das dritte Auge erblickst. Willst du umarmt werden, so öffne deine Arme. Zerbrich dein tönernes Idol, damit dir das Angesicht Gottes erscheine.

Jede Nacht kehrt der Geliebte zurück: Iss also kein Opium am Abend. Nimm keine Nahrung zu dir, damit du die Süsse seines Mundes schmecken kannst.

O der Weinschenk ist kein Tyrann. Er ist in der Begleitung von Auserwählten. Komm in diesen Kreis, lass dich nieder. Wie lange willst du nur ein Beobachter bleiben? Sieh, ich biete dir einen Handel an. Gib mir dein Leben und empfange hundert andere dafür.

Warum, wenn Gottes Welt doch
so gross ist, bist du ausgerech-
net in einem Gefängnis einge-
schlafen?

Vermeide verwirrende Gedanken.
Erklärungen sind nicht im Endlichen zu finden. Denke an
nichts als an den Schöpfer der Gedanken.

Enthalte dich der Beredsamkeit, damit du der allgültigen Sprache
mächtig sein wirst.

Verlasse das Leben und die Welt,
damit du in das Leben der
Welt eingehest.

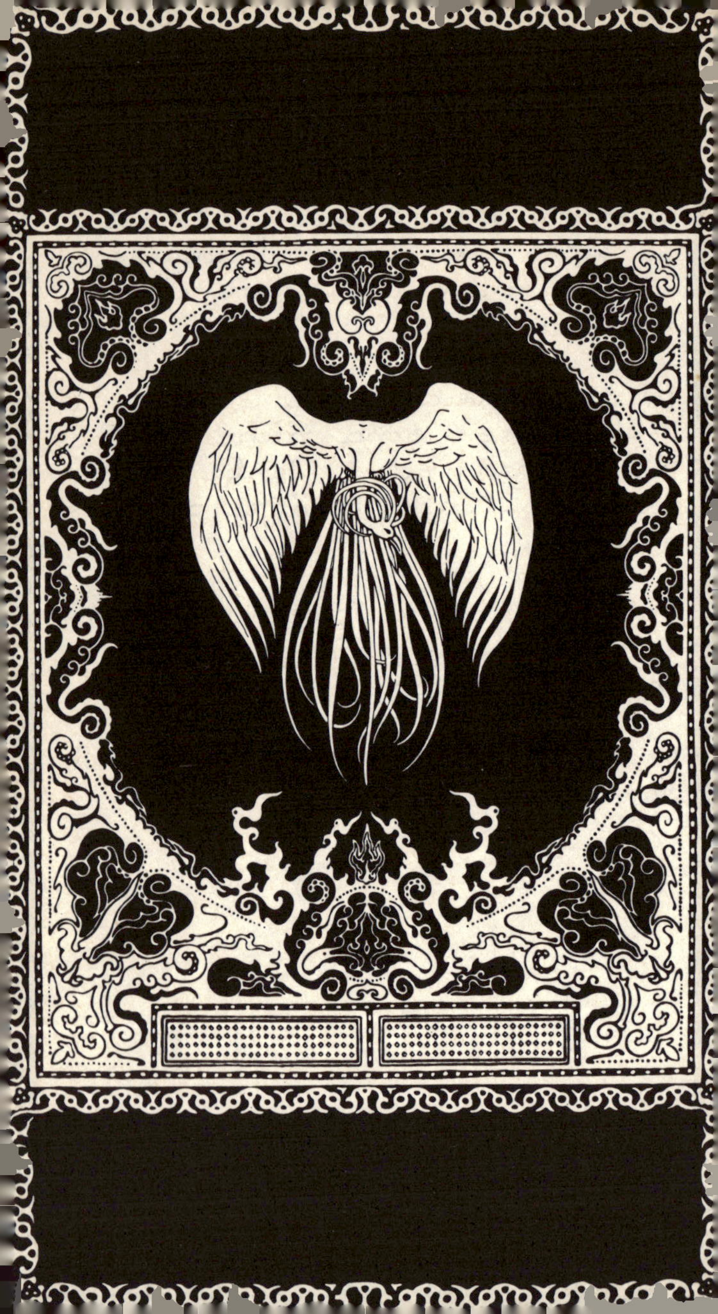

Betrachte diese Seelenvögel, die jeden Morgen goldene Eier legen. Sie satteln das schnelle Hengstfüllen des Himmels. Wenn sie galoppieren, ist der siebente Himmel ihre Arena, wenn sie schlafen, sind sie ein Kissen für Sonne und Mond.

Sie sind wie Fische in der Seele eines jeden, der sich mit Jona vergleicht. Sie sind wie Rosenbüsche in Schönheit am Abendhimmel geordnet.

Sie kennen Hölle und Himmel. Am Tage der Auferstehung werden sie die Ordner sein, unberührt von Segnungen oder Verwünschungen.

Sie sind voller Einfälle, lassen Gebirge in der Luft tanzen und verwandeln das Salz des Meeres in Zucker. Sie machen aus Körpern Seelen und Seelen unsterblich. Sie verwandeln Felsen in Rubinschächte und Ungläubige führen sie zum Glauben.

Sie sind wirklicher als die Wirklichkeit und verborgener als das Verborgene. Doch bittest du sie, so erscheinen sie vor deinen Augen.

Gäbe es einen geistigen Bereich für Sprache, wollte ich eine feurige Rede halten, auf daß diese Geister und Engel im Himmel in Applaus ausbrächen.

Wie nahe du bist meiner Seele! Was immer du denkst, ich weiß es. Und ich habe ein Zeichen, noch deutlicher als dies. Komm und betrachte mein Zeichen, komm nahe! In Derwischgestalt komm ich in deine Mitte, scherze nicht und sage: Ich bin die Mitte.

Ich bin wie die Säule im Zentrum deines Hauses, bin die Regentraufe, die von deinem Dache hängt. Ich teile all deine Geheimnisse am Tage der Auferstehung. Ich bin nicht wie ein weltlicher Freund, der kommt und vorübergeht.

Auf deinem Fest mache ich die Runde wie der Weinkelch. In deinem Kampfe gehe ich vor dir her wie eine Lanze. Wie ein Blitz werde ich den süßen Tod dir bringen. Wie eines Blitzes Schönheit bin ich ohne Rede.

Alles ist lustvoll für mich und
kein Unterschied, ob ich meine
Seele hingebe oder die deine ergreife. Du bist verwirrt? Ganz
plötzlich wird die Liebe kommen
und sagen: „In diesem Augenblick
werde ich dich von dir selbst er-
lösen."

O schweige, Chusrau, sprich nicht
länger von Shirin. Mein Mund
brennt mir vor Süssigkeit.

Ergreife seinen Mantelsaum, denn jeden Augenblick kann er entfliehen. Aber zerr ihn nicht, sonst wird er wie ein Pfeil von der gespannten Sehne fliegen.

O was für täuschende Formen er annimmt, welche Tricks er erfindet. Willst du ihn in einer Form festhalten, wird er entfliehen wie die Geister tun. Suchst du ihn am Himmel, scheint er im Wasser wie der Mond. Beugst du dich zum Wasser nieder, flieht er in den Himmel.

Such ihn im Unendlichen, und er erscheint dir an einem bestimmten Ort. Kommst du zu diesem Ort, entschwebt er ins Unendliche wie der Pfeil von der Sehne, wie der Vogel deiner Einbildungskraft. Wisse, dass das Absolute sicherlich der Imagination weichen wird.

Ich werde mich von vielen Dingen
fernhalten, nicht aus Überdruß, sondern aus Furcht, daß mein anmuti-
ger Geliebter mir sonst entschwin-
det. Wie der Wind eile ich dahin
auf der Suche nach ihm. Aus Liebe
zu einer Rose verwandle ich mich
in Zephyr.

Die Rose wird aus Furcht vor dem
Herbst den Garten verlassen. So
wird sein Name vergehen, wenn
du versuchst, ihn zu benennen.
Du wirst nicht einmal sagen können: Dieser hier ist vergangen.

Was für ein Bild auch immer
du dir von ihm machst, es wird vom
Tische fliegen und aus deiner Seele
schwinden.

Wenn ich deine Anmut nicht mit Worten preisen kann, so habe ich doch deine Liebe in meiner Brust. Sollte ich je den Duft einer Rose atmen, ohne deiner Liebe zu gedenken, so verbrenne mich wie einen Dorn.

Bin ich gleich still wie ein Fisch, so bin ich doch rastlos wie die Wellen der See. Du hast ein Siegel auf meine Lippen gedrückt. Was ist deine Absicht? Was sollte ich wissen? Ich weiß nur, dass ich in deinem Gefolge bin.

Ich höre meinen Liebeskummer wieder und wieder wie ein Kamel, wie bei einem rasenden Kamel schäumt mein Mund. Obwohl ich mich versteckt halte und nicht spreche, lebe ich in der Allgegenwart der Liebe.

Ich bin wie ein Samenkorn im Boden und warte auf ein Zeichen des Frühlings. Auf dass ohne meinen eigenen Atem ich süß und sanft atmen möge, und ohne meinen eigenen Kopf mein Haupt neu erheben kann.

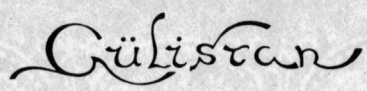

Der Gülistan Verlag (Gotlinde Thylmann-Keyserlingk) in Stuttgart-O, Schwarenbergstraße 83, betreut das Gesamtwerk von Karl Thylmann, das in 10 Bänden erscheinen soll. Bis jetzt erschienen die Bände:

1 Gedichte. Format 16 x 21 cm, 98 einseitig bedruckte Blätter mit 84 Gedichten, davon 46 in der Handschrift des Künstlers, 12 Illustrationen und 1 Selbstporträt (1968), karton. DM 15,—
2 Holzschnitte. Mit einer Einführung von Prof. G. Gollwitzer. 16 x 21 cm, 130 S. mit über 50 Abb. (1971), karton. DM 18,—
3 Holzschnitte zur Bibel. Mit einer Einführung von Prof. G. Gollwitzer. 16 x 21 cm, 80 S. mit 41 Abb., karton. DM 18,—
5 Jugendstil (1977)
    16 x 21 cm, ca. 100 Seiten, karton. DM 18,—
7 Italienische Radierungen, Lithos und Handzeichnungen. Mit Faksimile von Briefstellen an Alexander von Bernus. Einführung von Dr. Franz Anselm Schmitt. 16 X 21 cm, 144 S. mit über 50 Abb. (1973), karton. DM 18,—

In Vorbereitung sind die Bände: Karikaturen und Porträts, Buchillustrationen, Briefe an Jo (zwei Bände) und eine Biographie. Der Verlag führt ferner noch Originalgraphik von Karl Thylmann sowie

Gülistan (Der Rosengarten) im Format 30 x 27 cm, gebunden, 69 Seiten, DM 24,—
Urworte Orphisch,
Goethe mit 5 meditativen Ornamenten von Karl Thylmann gebunden in Leinen mit Goldprägung DM 9,—
Kurzbiographie DM 2,—
Postkartenserien DM 2,—
Die Ghaselen des Dschelal-eddin-Rumi
übertragen und mit Ornamenten geschmückt von Karl Thylmann 30 x 26 cm, 90 Seiten DM 24,—

zu beziehen durch:

Verlagsauslieferung M. Sandkühler,
7 Stuttgart 72, Postfach 720308